17

供电企业生产技能人员标准化作业培训教材

接地变压器 消弧线圈例行检修试验

福建省电力有限公司 组编

输变电

中国电力出版社
CHINA ELECTRIC POWER PRESS

内 容 提 要

本册书是按照《供电企业生产技能人员标准化作业培训教材》体系的要求，结合生产实际编写而成。本册书共分为两大部分，第一部分介绍接地变压器（消弧线圈）例行检修、试验的标准化作业内容，主要包括例行检修、试验标准化作业的工作流程、安全风险与预控、工作质量标准与控制等内容，结合检修、试验实际案例，对例行检修、试验的操作要点、关键步骤的控制、安全注意事项、管理要求等进行了具体分析。第二部分主要介绍了实际作业案例相关的标准化作业文本。

本册书作者都是长期从事电力生产一线的员工，有较为丰富的现场实际经验，所列举的案例在实际生产过程中比较典型，具有较强的生产现场指导意义。本册书可作为供电企业电网输变电工作人员的培训教学用书，也可作为电力职业院校教学参考用书。

图书在版编目（CIP）数据

供电企业生产技能人员标准化作业培训教材. 输变电/福建省电力有限公司组编. —北京：中国电力出版社，2012.12

ISBN 978-7-5123-3810-4

Ⅰ. ①供…　Ⅱ. ①福…　Ⅲ. ①供电－工业企业管理－标准化管理－中国－技术培训－教材　②输电－电力系统－技术培训－教材　③变电所－电力系统－技术培训－教材　Ⅳ. ①F426.61

中国版本图书馆 CIP 数据核字（2012）第 287838 号

中国电力出版社出版、发行

（北京市东城区北京站西街 19 号　100005　http://www.cepp.sgcc.com.cn）

北京九天众诚印刷有限公司印刷

各地新华书店经售

*

2013 年 1 月第一版　　2013 年 1 月北京第一次印刷

787 毫米×1092 毫米　16 开本　84 印张　1766 千字

全册定价 **232.00** 元

编　委　会

主　　任　张　磊

副 主 任　陈卫中　李功新

成　　员　叶继宏　郑佩祥　黄文英　金昌榕　于建龙

任晓辉　邱兴平　陈大凤　张　荣　洪西卿

姚　亮　林　平　宋福海　连纪文　罗　松

林　宇　林　贇

编　写　组

主　　编　李功新

副 主 编　叶继宏　金昌榕　陈大凤　张　荣

编写组组长　林　平

成　　员　（按姓氏笔画排序）

王全兴　王恒山　叶立群　叶色亮　朱　菁

庄　严　庄沪生　刘志平　严有祥　李　春

李　超　李勇明　李积捷　李萌峰　杨文陵

杨志豪　杨建平　杨毓庆　连鸿松　肖颂勇

吴　达　吴志成　吴奇宝　吴辉煌　吴簪麟

邱振敏　沈明松　沈谢林　张绍明　陈　影

陈艺鑫　陈日坤　陈祥舒　陈朝晖　陈德兴

林　衡　林一泓　林志敏　林志强　林轶群

林海渊　欧世尧　欧永连　罗　松　罗　毅

金建宁　郑哲人　郑雄俊　郑黎斐　赵道阳

施　纬　施广宇　洪西卿　钱志立　翁晓锋

涂恩来　黄　亮　黄国敏　董　磊　傅智为

潘晨曦

前言

preface

为了更好地服务“五大”体系建设，提升生产技能人员良好的“职业化”行为习惯，建立与现场标准化作业生产环境一致的培训课程体系，福建省电力有限公司以现场标准化作业指导书为蓝本，组织开展生产技能标准化作业培训教材的编写工作。为确保教材的编写质量和进度，由总工程师李功新主抓此项工作，多次召集工作协调会，定期听取编写进度汇报；人力资源部负责教材编写的组织工作，运维检修部、科技信通部和调度控制中心负责教材编写的具体工作，福建省电力有限公司和基层单位技术专家组成教材编写与审定小组，公司培训中心负责教材编写框架和编写规范的制订、编写进度跟踪及其他协调工作。

本套教材集中了福建省电力有限公司众多专家学者的智慧，采用了全新的组织架构，突出了基于现场标准化作业的培训特色。本套教材分为配电专业、输变电专业和二次专业三本书，包括 91 项现场标准化作业项目（子分册），具有很强的针对性和实用性。各项目（子分册）分为两部分：第一部分介绍了各项目的工作流程、工作质量标准与控制、危险点分析与预控、管理与记录要求、作业案例等；第二部分罗列了标准化作业指导书等标准化作业文本，并结合第一部分的作业案例说明了标准化文本的填写规范。部分项目（子分册）还在附录部分对设备等内容进行了说明。

其中，配电专业分为架空线路、配电设备、计量装置及其他设备，由福建省电力有限公司运维检修部高级工程师姚亮担任编写组长，福州电业局、厦门电业局、莆田电业局、泉州电业局、漳州电业局、龙岩电业局、三明电业局、南平电业局、宁德电业局、福清电力公司、石狮电力公司、晋江电力公司、南安电力公司、长乐电力公司等单位的专家参与编写工作。输变电专业分为开关类、线圈类和架空线路及电缆，由福建省电力有限公司运维检修部高级工程师林平担任编写组长，福建省电力科学研究院、检修分公司、福州电业局、厦门电业局、莆田电业局、泉州电业局、漳州电业局、龙岩电业局、三明电业局等单位的专家参与编写工作。二次专业分为继电保护、综合自动化、直流系统和电力通信，由福建省电力有限公司调度控制中心高级工程师宋福海、科技信通部高级工程师连纪文担任编写组长，福建省电力科学研究院、检修分公司、信息通信分公司、福州电业局、厦门电业局、莆田电业局、泉州电业局、龙岩电业局、三明电业局、南平电业局等单位的专家参与编写工作。

本册由福建省电力科学研究院施广宇担任编写组长，厦门电业局刘志平、董磊主要编写，叶立群、林智敏等参与编写，福建省电力有限公司运维检修部陈新主审，福建省电力科学研究院连鸿松、涂恩来、福建省电力检修公司吴达、莆田电业局罗毅、泉州电业局王恒山、沈谢林、漳州电业局陈艺鑫、南平电业局杨建平、三明电业局李勇明等参审。

本教材在编写、审定过程中得到了福建省电力有限公司有关单位领导和专家的大力支持和帮助，在此一并感谢。同时，也感谢中国电力出版社的大力支持。

由于编者能力所限及编写时间仓促，难免存在疏漏之处，恳请各位专家和读者提出宝贵意见。

contents 目录

前言

第一部分　标准化作业培训……1

1　作业描述……1
2　工作流程……1
3　工作质量标准与控制……1
4　安全风险分析与预控……4
5　管理与记录要求……5
6　作业案例……5
思考与练习……8

第二部分　标准化作业文本……9

1　接地变压器、消弧线圈（干式）例行检修安全质量控制卡……9
2　接地变压器、消弧线圈（油浸式）例行检修安全质量控制卡……12
3　接地变压器、消弧线圈（油浸式）例行试验安全质量控制卡（高压试验）……15
4　接地变压器、消弧线圈（油浸式）例行试验安全质量控制卡（油化验）……19
5　电气第一种工作票……22
6　试验物品清单……25

思考与练习答案……26

第一部分

标准化作业培训

1 作业描述

根据安全质量控制卡的内容介绍消弧线圈和接地变压器例行检修试验项目的作业步骤、安全注意事项。通过以上介绍，了解其检修试验、更换项目及质量标准要求，熟悉接地变压器和消弧线圈的检修试验记录及报告的填写、掌握编制接地变压器、消弧线圈检修试验方案。

2 工作流程

接地变压器、消弧线圈例行检修试验的工作流程如图 1-1 所示。

3 工作质量标准与控制

3.1 引用标准

GB 1094.1—1996　《电力变压器　第 1 部分　总则》

DL/T 573—2010　《电力变压器检修导则》

Q/GDW 168—2008　《输变电设备状态检修试验规程》

国家电网生技〔2005〕173 号　《10kV～66kV 消弧线圈检修规范》

3.2 质量控制

3.2.1 消弧线圈、接地变压器（干式）例行检修试验项目及质量要求

3.2.1.1 接地变压器引流线拆除

拆除接地变压器连接板与引流线螺栓；拆除时防止螺栓滑牙，引线应绑好，一端系在引线套管上。

3.2.1.2 本体检查

（1）相色检查，相色正确完整，各处油漆漆膜无脱落。

（2）一次接线及紧固件检查，接触良好，连接处无锈蚀，进行接线紧固。

（3）检查绕组无开裂、变形、倾斜、位移。

（4）引线排列整齐，多股引线无断股，引线接头焊接良好，外包绝缘厚度符合要求并包扎良好，引线间距离及对地距离符合要求。

3.2.1.3 调压操作机构检查

（1）电动操作升、降挡一个循环，应动作正常，无滑挡；超越接点应正常动作。

（2）手摇升、降各一挡应操作灵活，无阻涩。

（3）传动齿轮盒内机油油位应符合油位标示线，且无渗漏油情况。

（4）电气限位及机械限位应能正确动作。

（5）各接触器、行程开关动作、返回正常，无卡涩。

（6）二次端子及各引线接头应紧固，无松动。

（7）动作次数计数器应动作正确。

（8）本体挡位指示与机构箱指示及远传指示相符。

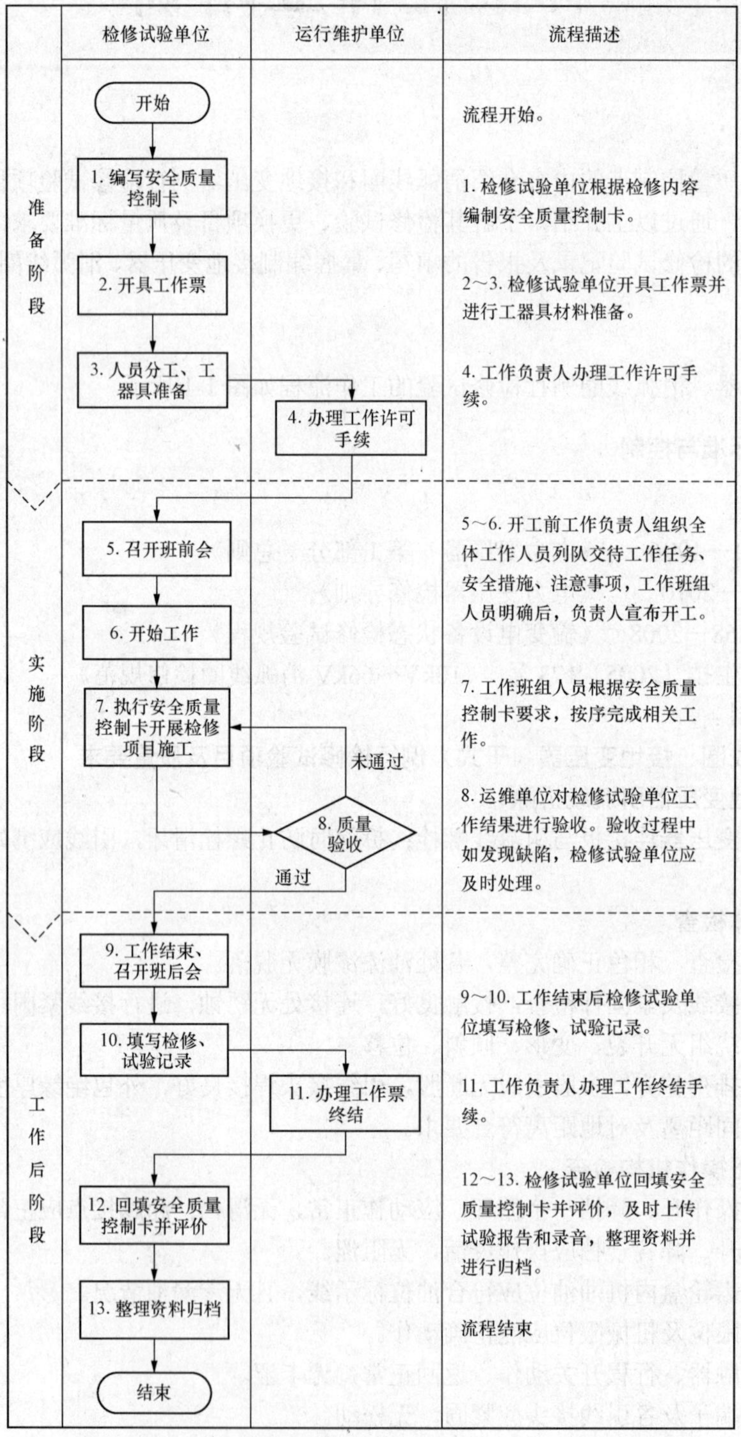

图 1-1　消弧线圈和接地变压器例行检修试验的工作流程图

（9）机构箱密封良好，无漏水现象。

（10）调压端子检查，接线板清洁干燥，引出端子连接紧固；底板无锈蚀。

3.2.1.4　套管检查、清扫

外观清扫检查，附件完整；瓷套清洁、无裂纹、损伤及放电痕迹。

3.2.1.5　接地点检查

检查各接地点，焊接应牢固。

3.2.1.6　绕组及铁芯绝缘电阻测试。

（1）将不同温度下的绝缘值换算到同一温度下 $R_2 = R_1 \times 1.5$（t_1-t_2）/10，与上一次试验结果相比应无明显变化，一般不低于上次值的 70%。（式中 R_1、R_2 分别为在温度 t_1、t_2 下的绝缘电阻值）；35kV 及以上应测量吸收比（10～30℃范围）不低于 1.3。

（2）绝缘电阻值与出厂值比较应无明显差别。

（3）与以前测试结果相比无显著差别。

3.2.1.7　绕组直流电阻测试

绕组直流电阻换算至同一温度下与出厂值相比不大于 2%；相间差别一般不大于三相平均值的 4%，线间差别一般不大于三相平均值的 2%。

3.2.1.8　恢复引线

对接触面进行清洁并均匀涂抹导电膏；紧固过程应按力矩、对角等工艺要求进行紧固。

3.2.1.9　外壳清扫、补漆

对本体外壳掉漆、生锈、变色进行除锈清理后补漆。

3.2.2　消弧线圈、接地变压器（油浸式）例行检修试验项目及质量要求

3.2.2.1　引线拆除

拆除接地变压器、消弧线圈（油浸式）套管将军帽与引线连接板螺栓；拆除时防止螺栓滑牙；引线应绑好，一端系在引线套管上。

3.2.2.2　本体及调压开关油位检查

对照油位指示表检查油位指示是否正常，过低应进行补油，过高应进行放油。

3.2.2.3　套管检查、清扫

检查各套管外表瓷裙无破裂、无脏污、无放电，接线柱有无渗漏油。

3.2.2.4　储油柜检查

检查吸湿硅胶、油封；法兰密封，吸湿硅胶无变色；油封油杯完好，油位符合刻度线标示；法兰密圈完好，无老化、破损。

3.2.2.5　压力释放阀检查

密封良好、无渗漏，无锈蚀、油垢。

3.2.2.6　气体继电器检查

本体气体继电器检查。气体继电器无渗漏油。防雨罩遮蔽位置达到 45°，电缆向下倾斜 30°以上。打开二次接线盒检查无渗漏油、进水、积灰和凝露，密封圈弹性良好，排水孔通畅，电缆进线封堵良好。接线柱和放气口无渗漏油，引线无破损，试验探针动作正常，信号正常对应，绝缘电阻表测量线间和对地的绝缘电阻，要求>1MΩ。

3.2.2.7　分接开关检查

分接开关本体各部分密封良好，无渗漏油；开关挡位指示远方及就地应正确一致；电动电动调挡动作灵活，无误动、拒动和连动。

3.2.2.8　渗漏油检查

检查本体所有密封件，密封应良好，无老化，无渗油。对渗油地方，如果是由于螺栓松动，应对其进行均匀紧固，紧固时应防止密封圈被过度压缩，加速老化。处理完用干净的布对渗油处进行擦净并用清洗剂对油迹进行处理。最后观察一段时间，应无渗漏。

3.2.2.9　接地点检查

检查各接地点，焊接应牢固。

3.2.2.10　设备试验

（1）直流电阻测量：换算至同一温度下与出厂值相比不大于 2%；相间差别一般不大于三相平均值的 4%，线间差别一般不大于三相平均值的 2%。

（2）绝缘电阻测量：同一温度下与历年数据比较无明显变化。

3.2.2.11　绝缘油取样

（1）取样瓶质量控制。500～1000mL 磨口具塞试剂瓶，应先用洗涤剂进行清洗，再用自来水冲洗，最后用蒸馏水洗净，烘干、冷却后，盖紧瓶塞，粘贴标签待用。

（2）取样方法。通常从下部阀门（含密封取样阀）处取样。取样前取样阀门应先用干净甲级棉纱或纱布擦净，旋开螺帽，接上取样用耐油软管，再放油将管路冲洗干净，将排出废油用废油桶收集，废油不应直接排至现场。然后用取样瓶取样，取样结束后，旋紧螺帽。

（3）取样量：根据试验项目需要采集样品，以够试验用为限。

（4）取样结束后，检查取样阀螺帽是否旋紧、应无渗漏油现象。

（5）清理现场，确认现场没有遗留物。

3.2.2.12　恢复引线

设备接线端子的接触表面应平整、清洁、无氧化膜，并涂以薄层电力复合脂（导电膏）；镀银部分不得锉磨。具体工艺为：对接触面进行清洁，用细钢丝刷除去表面氧化膜，使用细锉锉去的毛刺，用砂纸将接触面研磨平整（镀银层除外），再用干净的棉纱蘸无水乙醇将接触面擦拭干净，然后用去油剂除去表面上的油污，等表面干燥以后，先预涂 0.05～0.1mm 厚的电力复合脂（导电膏），抹平，用铜丝刷轻轻擦拭，然后除去膜层，擦拭表面、重新涂敷 0.1mm 厚的导电膏，最后将接触面叠合；紧固螺栓，紧固过程应对角、按力矩逐级进行紧固。

3.2.2.13　外壳清扫、补漆

对本体外壳掉漆、生锈、变色进行除锈清理后补漆。

4　安全风险分析与预控

4.1　危险点 1：触电

检修时，以下情况可能造成触电：

（1）误入带电间隔。

（2）工作人员或工器具与带电部位安全距离不够，易引起放电。

（3）感应电，易引起人身伤害意外事故。

防范措施

（1）确认现场安全措施与工作票上所列安全措施一致。

（2）进入检修现场、攀登设备前，须核对设备的双重名称、编号。

（3）工作人员或工器具随时与带电部位保持足够的安全距离；工作必须由两人以上进行，其中一人担任监护。

（4）防止感应电，在设备导电部位的工作应使用临时个人保安线。

4.2 危险点 2：机械伤害

修理分接开关的检查和操作试验传动轴转动时机械伤害。

防范措施

（1）检修工作负责人在工作前，必须对上述安全措施进行检查，确认无误后，方可开始工作。

（2）做有载分接开关操作试验时，人员不得靠近传动轴。

4.3 危险点 3：试验操作不当导致人员伤害和仪器损坏

试验时试验操作不当导致人员伤害和仪器损坏。

防范措施

（1）加压试验应装设围栏，试验过程中应有专人监护，防止非试验人员误入试验区内导致触电；试验过程应注意呼唱，未经工作负责人允许不可加压，加压过程中应有专人监护。

（2）试验器具的金属外壳应可靠接地，试验仪器与设备的接线应牢固可靠，加压试验操作人员要站在绝缘垫上，防止接地或试验引线掉线导致试验人员触电伤害和仪器损坏。

（3）进行绝缘电阻测量和直流电阻试验要对被试电抗器对地充分放电，防止残余电荷和直流电压击伤人员或损坏仪器。

（4）变更接线或试验结束时，应首先断开试验电源（有明显的断开点），再对地放电。

5 管理与记录要求

（1）召开班后会。

（2）将班前会和班后会录音上传，并做好记录。

（3）编写检修试验报告并上传。

6 作业案例

110kV××变压器 10kV 2 号接地变压器、2 号消弧线圈例行检修试验。现场接线方式如图 1-2 所示。

6.1 作业前准备

（1）作业文件的准备，检修前应编制完善的班组安全质量控制卡。

（2）工器具、材料及防护用品，现场检修应具备充足的合格材料和完备的工艺装备和测试设备，开工前三天应按班组安全质量控制卡上的明细表进行清理好。

1）备品备件：螺栓。

2）材料：棉布、酒精、导电膏、移路多。

3）工器具。包括：①专用工器具：如力矩扳手、各种规格的扳手等；②测试设备：直流电阻测试仪、绝缘电阻表等。

4）到达现场后，经工作许可后开始工作。

5）召开班前会。

6.2 作业中控制

6.2.1 干式接地变压器（消弧线圈）检修试验

（1）检查接地变压器（消弧线圈）整体外观，注意有无变形、开裂，发热迹象，如图1-3所示。

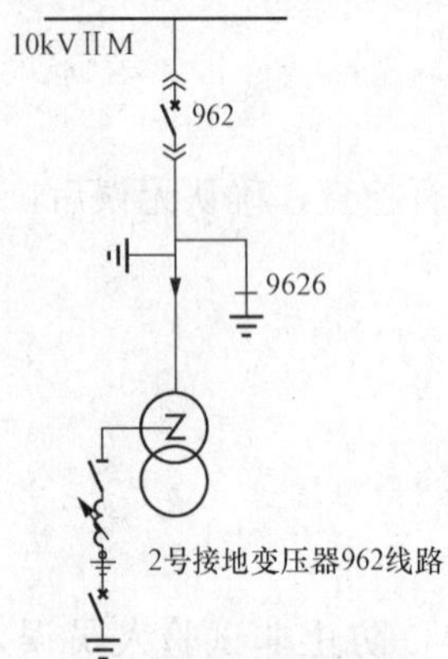

图 1-2 现场接线方式

图 1-3 接地变压器（消弧线圈）外观检查

（2）检查接地变压器（消弧线圈）上各处套管、接线夹，电缆进线单螺栓需配备双螺母，如图1-4所示。

图 1-4 接地变压器（消弧线圈）上各处套管、接线夹检查

（3）检查接地变压器（消弧线圈）绕组、铁芯，铁芯一点接地应完好，见图1-5。

（4）检查接地变压器一次抽头连接片，抽头连接方式符合现场运行状况。

（5）检查消弧线圈绕组各分接引线排列整齐，多股引线无断股，引线接头焊接良好，外包绝缘厚度符合要求并包扎良好，引线间距离及对地距离符合要求，见图1-6。

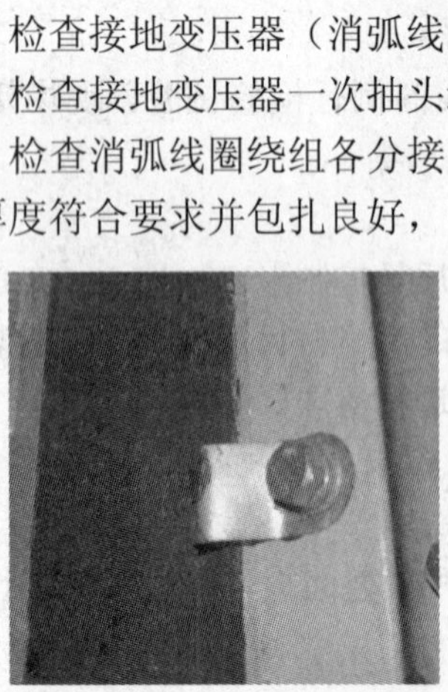

图 1-5 铁芯接地检查

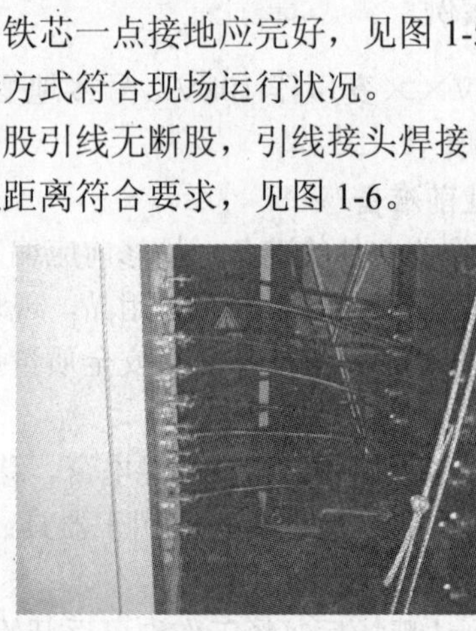

图 1-6 线圈绕组各分接引线检查

（6）检查消弧线圈挡位分接机构箱，手动、电动升降挡，并与监控后台核对信号无误，电动状态下禁止进行手动调挡的闭锁良好。

（7）检查接地变压器（消弧线圈）各接地点接地良好。

（8）卫生清扫、其他常态维护（相色油漆、除锈补漆、热缩包扎、缺陷处理），注意检查加热器、排风系统是否正常工作。

（9）检查户外箱式接地变压器，屋顶应无渗水，见图 1-7。

图 1-7　户外箱式接地变压器检查

（10）消弧线圈、接地变压器、阻尼电阻的绝缘电阻测试、绕组直流电阻测试数据正常，试验后应注意恢复至试验前状态，短路、接地用的导线应拆除干净。

（11）恢复引线时注意对接触面进行清洁并均匀涂抹导电膏；紧固过程应按力矩、对角等工艺要求进行紧固。

6.2.2　油浸式接地变压器（消弧线圈）检修试验

（1）检查接地变压器（消弧线圈）上各处套管、接线夹，电缆进线单螺栓需配备双螺母。

（2）检查本体及调压开关油位情况，过低应进行补油，过高应进行放油，见图 1-8。

图 1-8　本体及调压开关油位

（3）检查消弧线圈挡位分接开关，手动、电动升降挡，并与监控后台核对信号无误。

（4）检查油浸式接地变压器（消弧线圈）整体外观（各螺栓处及各阀门处）无渗油现象。

（5）检查压力释放阀密封良好、无渗漏，无锈蚀、油垢。

（6）检查本体气体继电器接线柱和放气口无渗漏油，二次接线盒无进水无渗漏油。

（7）卫生清扫、其他常态维护（相色油漆、除锈补漆、热缩包扎、缺陷处理）。

（8）消弧线圈、接地变压器、阻尼电阻的绝缘电阻测试、绕组直流电阻测试数据正常，试验后应注意恢复至试验前状态，短路、接地用的导线应拆除干净。

（9）绝缘油取样时取样量根据试验项目需要采集样品，以够试验用为限；取样结束后，油样应置于专用装样箱中，避免剧烈震动，防止容器破碎；检查取样阀螺帽是否旋紧、应无渗漏油现象，见图 1-9。

（10）恢复引线时注意对接触面进行清洁并均匀涂抹导电膏；紧固过程应按力矩、对角等工艺要求进行紧固。

图 1-9　绝缘油取样及取样阀检查

6.3　作业后小结

（1）召开班后会。

（2）上传检修报告和录音。

（3）工作票、安全质量控制卡归档。

思考与练习

1．请简述接线端安装的工艺要求。

2．接地变压器、消弧线圈直流电阻试验标准？

3．干式消弧线圈调压操作机构检修项目有哪些？

4．油浸式消弧线圈本体气体继电器检查项目有哪些？

第二部分

标准化作业文本

1　接地变压器、消弧线圈（干式）例行检修安全质量控制卡

班组作业安全质量控制卡

作业名称：××变电站××kV××接地变压器（消弧线圈）例行检修

工作负责人编写：＿＿＿＿＿＿审核：＿＿＿＿＿＿批准：＿＿＿＿＿＿

作业性质：多专业 计划时间：＿＿年＿月＿日＿时＿分至＿＿年＿月＿日＿时＿分

1　作业前

1.1　作业前内业准备

序号	名称	规格	单位	数量	确认
1．现场勘察 * 确认栏内需签字确认		勾选：□已勘察　□无需勘察			
2．工器具					
2.1	标准工器具		套	1	
2.2	仪器		套	1	
2.3	作业车辆		套	1	
2.4	梯类		套	1	
2.5	其他		套	1	
3．材料					
3.1	材料		套	1	
4．防护用品					
4.1	安全带	双控 2m	条	2	
5．作业文件					
5.1	工作票编号				
5.2	作业文件（说明书、图纸）				
6．其他（录音笔、红马甲）					

1.2　出工准备

序号	名　　称	确认
1	班组班前会	
2	出工三检查、独木桥制度	

2 作业中

2.1 作业组班前会

2.1.1 本作业危险点分析及安全措施交底

序号	危险点分析	安全控制措施	确认
1	套管检修中工具击伤人员或套管	检修时，戴手套并使用合适的工具，用破布包裹相邻的套管	
2	消弧线圈远方试调挡时，机构处人员未撤离发生伤害	试调挡前，应确认现场无关人员已撤离，并有专人看守	

2.1.2 其他班组间配合或交叉作业危险点分析及安全措施交底

序号	相关班组	危险点分析	安全控制措施	确认
1	高压班	高压试验与检修工作交叉进行易发生人身伤害事故	试验前，确保检修人员已撤离试验区域。试验中大声唱和	

2.1.3 安全措施确认

我已知晓上述工作地点、工作内容、停电范围、作业分工、危险点及安全控制措施，精神状态良好。 确认签字：

2.2 关键工序安全质量控制

序号	关 键 工 序	质量安全控制	确认
1	检查接地变压器（消弧线圈）整体外观	注意有无变形、开裂，发热迹象	
2	检查接地变压器（消弧线圈）上各处套管、接线夹（含中性点电压互感器，中性点隔离开关、阻尼电阻箱、中电阻箱等）	电缆进线单螺丝需配备双螺母	
3	检查接地变压器（消弧线圈）绕组、铁芯	铁芯一点接地应完好	
4	检查接地变压器一次抽头连接片	抽头连接方式符合现场运行状况	
5	检查消弧线圈挡位分接机构箱，手动、电动升降挡，并与监控后台核对信号无误	电动状态下，进行手动调挡可能会损坏机构或造成人身触电	
6	检查阻尼电阻箱	片式电阻无断裂	
7	检查接地变压器中性点隔离开关正常分合	分合过程中无卡涩、异响	
8	检查接地变压器（消弧线圈）本体接地	使用绝缘电阻表应先接好地端	
9	卫生清扫、其他常态维护（相色油漆、除锈补漆、热缩包扎、缺陷处理）	注意检查加热器、排风系统是否正常工作	
10	检查消弧线圈控制屏内运行参数设置符合要求，必要时进行模拟接地试验	试验中，严禁造成零序电流互感器二次侧开路	
11	检查户外箱式接地变压器	箱顶应无渗水	
12	检查中电阻箱	箱内继电器设置正确，正常投切	

2.3 作业验收

2.3.1 检修人员验收

序号	验 收 内 容	确认
1	检查接地变压器（消弧线圈）外观、热缩包扎	
2	检查消弧线圈控制屏已设置到“自动”调节，调挡机构空气断路器已合上	
3	检查接地变压器（消弧线圈）各处均已紧固，目测弹簧垫收缩到位	
4	检查被检修设备是否有遗留物，被检修设备是否已恢复至检修前状态	
5	缺陷处理情况自查	
6	工作负责人验收签字：	

2.3.2 运维人员验收

运维人员验收： 检修记录已登记，现场已验收合格。　　　　运维人员确认签字：

2.4 作业组班后会

序号	项　　目	确认
1	作业组班后会	
2	存在问题及措施：	

3 作业后

3.1 作业后内业工作

序号	项　　目	内　　容	确认
1	生产管理系统流程运转	缺陷流程运转、检修报告编写上传、完成时限填写、完成设备作业后评估	
2	录音上传	工作票录音	
3	作业文件归档	安全质量控制卡、工作票、检修报告	

3.2 作业评价

评价情况：经检查，本控制卡______________，存在____问题，已向____________________提出。

检查人：____________________

______年_____月____日

2 接地变压器、消弧线圈（油浸式）例行检修安全质量控制卡

班组作业安全质量控制卡

作业名称：主变压器班××变电站××kV××接地变压器（消弧线圈）例行检修

工作负责人编写：＿＿＿＿审核：＿＿＿＿批准：＿＿＿＿

作业性质：多专业 计划时间：＿年＿月＿日＿时＿分至＿年＿月＿日＿时＿分

1 作业前

1.1 作业前内业准备

序号	名称	规格	单位	数量	确认
1. 现场勘察 * 确认栏内需签字确认		勾选：□已勘察 □无需勘察			
2. 工器具					
2.1	标准工器具		套	1	
2.2	仪器		套	1	
2.3	作业车辆		套	1	
2.4	梯类		套	1	
2.5	其他		套	1	
3. 材料					
3.1	材料		套	1	
4. 防护用品					
4.1	安全带	双控 2m	条	2	
5. 作业文件					
5.1	工作票编号				
5.2	作业文件（说明书、图纸）				
6. 其他（录音笔、红马甲）					

1.2 出工准备

序号	名　称	确认
1	班组班前会	
2	出工三检查、独木桥制度	

2 作业中

2.1 作业组班前会

2.1.1 本作业危险点分析及安全措施交底

序号	危险点分析	安全控制措施	确认
1	套管（瓶）检修中工具击伤人员或套管	检修时，戴手套并使用合适的工具，用破布包裹相邻的套管（瓶）	

表（续）

序号	危险点分析	安全控制措施	确认
2	油作业中火灾隐患	现场严禁吸烟和明火，电焊、气焊等工作要远离检修区域，并备足消防器材	
3	消弧线圈远方试调挡时，机构处人员未撤离发生伤害	试调挡前，应确认现场无关人员已撤离，并有专人看守	

2.1.2 其他班组间配合或交叉作业危险点分析及安全措施交底

序号	相关班组	危险点分析	安全控制措施	确认
1	高压班	高压试验与检修工作交叉进行易发生人身伤害事故	试验前，确保检修人员已撤离试验区域。试验中大声唱和	

2.1.3 安全措施确认

我已知晓上述工作地点、工作内容、停电范围、作业分工、危险点及安全控制措施，精神状态良好。 确认签字：

2.2 关键工序安全质量控制

序号	关键工序	质量安全控制	确认
1	检查接地变压器（消弧线圈）整体外观	注意有无变形、开裂，发热迹象	
2	检查接地变压器（消弧线圈）上各处套管、接线夹（含中性点电压互感器，中性点隔离开关、阻尼电阻箱、中电阻箱等）	电缆进线单螺丝需配备双螺母	
3	检查接地变压器（消弧线圈）绕组、铁芯，油式消弧线圈应检查有无渗油	铁芯一点接地应完好	
4	检查接地变压器一次抽头连接片	抽头连接方式符合现场运行状况	
5	检查消弧线圈挡位分接机构箱，手动、电动升降挡，并与监控后台核对信号无误	电动状态下，进行手动调挡可能会损坏机构或造成人身触电	
6	检查阻尼电阻箱	片式电阻无断裂	
7	检查接地变压器中性点隔离开关正常分合	分合过程中无卡涩、异响	
8	检查接地变压器（消弧线圈）本体接地	使用绝缘电阻表应先接好地端	
9	卫生清扫、其他常态维护（相色油漆、除锈补漆、热缩包扎、缺陷处理）	注意检查加热器、排风系统是否正常工作	
10	检查消弧线圈控制屏内运行参数设置符合要求，必要时进行模拟接地试验	试验中，严禁造成零序电流互感器二次侧开路	
11	油式消弧线圈应检查油位及呼吸器	检查中应防止损坏呼吸器玻璃罩	
12	检查户外箱式接地变压器	屋顶应无渗水	
13	检查电阻箱	箱内继电器设置正确，正常投切	

2.3 作业验收

2.3.1 检修人员验收

序号	验 收 内 容	确认
1	检查接地变压器（消弧线圈）外观、热缩包扎	
2	检查消弧线圈控制屏已设置到“自动”调节，调挡机构空开已合上	
3	油式消弧线圈，检查各处均无未处理的渗油，所有取油口均已关紧	
4	检查接地变压器（消弧线圈）各处均已紧固，目测弹簧垫收缩到位	
5	检查被检修设备是否有遗留物，被检修设备是否已恢复至检修前状态	
6	缺陷处理情况自查	
7	工作负责人验收签字：	

2.3.2 运维人员验收

运维人员验收： 检修记录已登记，现场已验收合格。　　　　运维人员确认签字：

2.4 作业组班后会

序号	项　　目	确认
1	作业组班后会	
2	存在问题及措施：	

3 作业后

3.1 作业后内业工作

序号	项　目	内　容	确认
1	生产管理流程运转	缺陷流程运转、检修报告编写上传、完成时限填写、完成设备作业后评估	
2	录音上传	工作票录音	
3	作业文件归档	安全质量控制卡、工作票、检修报告	

3.2 作业评价

评价情况：经检查，本控制卡__________，存在____________________________________问题，已向__________________________________提出。

检查人：__________

____年____月____日

3 接地变压器、消弧线圈（油浸式）例行试验安全质量控制卡（高压试验）

班组作业安全质量控制卡

作业名称：××变电站××kV××接地变压器（消弧线圈）例行试验

工作负责人编写：________审核：________批准：________

作业性质：_多专业_ 计划时间：__年__月__日__时__分至__年__月__日__时__分

1 作业前

1.1 作业前内业准备

序号	名　称	规　格	单位	数量	确认
1. 工器具					
1.1	标准工具箱	标准	套	1	
1.2	仪器	详见仪器配置表	套	1	
1.3	电源盘	标准	套	1	
2. 材料					
3. 防护用品					
3.1	安全带	标准	条	1	
3.2	绝缘垫	标准	块	1	
3.3	安全围栏	标准	盘	1	
4. 作业文件					
4.1	工作票编号				
4.2	作业文件（设备评估表、台账资料、历史试验记录、试验标准等）				
5. 其他（录音笔、红马甲）					

1.2 出工准备

序号	名　称	确认
1	班组班前会	
2	出工三检查、独木桥制度	

2 作业中

2.1 作业组班前会

2.1.1 本作业危险点分析及安全措施交底

序号	危险点分析	安全控制措施	确认
1	工器具不合格	检查安全工器具、劳动防护用品是否合格齐备	
2	作业人员在无人监护情况下进入作业现场可能会走错间隔或与带电设备的安全距离不够	现场试验工作必须严格执行工作票制度、工作许可制度、工作监护制度、工作间断、转移和终结制度，工作前应认真核对设备名称、编号、工作地点，不得移开或越过安全遮栏	

表（续）

序号	危险点分析	安全控制措施	确认
3	不设安全围栏，可能会使非试验人员进入试验场地，造成触电	试验现场装设安全遮栏或围栏，遮栏或围栏与试验设备高压部分应有足够的安全距离，向外悬挂“止步，高压危险”的标示牌，并有专人监护，严禁非试验人员进入试验现场	
4	试验设备接地不良会对试验人员造成伤害	非金属外壳的仪器，应与地绝缘；金属外壳的仪器和变压器外壳应接地。试验装置的电源开关，应使用有明显断开点的双极开关，并有可靠的过载保护装置	
5	试验时无人监护，可能会造成误加压或非试验人员误入试验场地造成触电	试验过程应有专人监护并呼唱，当出现异常情况时，应立即停止试验，降低电压，断开电源，对被试品进行接地放电后再对其进行检查，查明原因后，方可继续试验	
6	变更试验接线或加压试验结束时，没有对试品进行充分放电可能会发生电击	变更试验接线或加压试验结束时，应首先断开试验电源、先用电阻放电，然后接地，并将升压设备的高压部分放电、短路接地。对于未安装接地线的大容量被试设备，实验前应充分放电，高压直流试验时，每告一段落或试验结束时，应将试品通过电阻放电然后接地	
7	自感电动势伤人	直流电阻测量时开合电源瞬间，不得接触绕组线端	
8	工作结束后，设备未恢复到许可前状态造成设备损坏、人身伤害	试验结束后，试验人员应对被试设备进行检查和清理现场，应特别注意检查设备上有无遗留工器具和临时安装的接地线，并将被试设备恢复到许可前状态	

2.1.2 交叉作业危险点分析及安全措施交底

序号	相 关 班 组	危险点分析	安全控制措施	确认
1	继保班、检修班、检验班	人身触电	高压试验前，应与其他班负责人互相协调，试验时应有专人监护，在进行高压试验后应对试品充分放电	

2.1.3 安全措施确认

我已知晓上述工作地点、工作内容、停电范围、作业分工、危险点及安全控制措施，精神状态良好。 确认签字：

2.2 关键工序安全质量控制

序号	关 键 工 序	质量安全控制	确认
1	消 弧 线 圈		
1.1	绝缘电阻测试	1．将不同温度下的绝缘值换算到同一温度下 $R_2= R_1\times 1.5^{(t_1-t_2)/10}$，与上一次试验结果相比应无明显变化，一般不低于上次值的 70%。（式中 R_1、R_2 分别为在温度 t_1、t_2 下的绝缘电阻值）；35kV 及以上应测量吸收比（10～30℃范围）不低于 1.3。 2．绝缘电阻值与出厂值比较应无明显差别。 3．与以前测试结果相比无显著差别	
1.2	绕组直流电阻测试	1. 换算至同一温度下与出厂值相比不大于 2%；相间差别一般不大于三相平均值的 4%，线间差别一般不大于三相平均值的 2%。 2．不同温度下的电阻值按下式换算	

表（续）

序号	关 键 工 序	质量安全控制	确认
1.2	绕组直流电阻测试	$$R_2 = R_1\left(\frac{T+t_2}{T+t_1}\right)$$ 式中 R_1、R_2 分别为在温度 t_1、t_2 时的电阻值；T 为计算用常数，铜导线取 235，铝导线取 225	
2		接 地 变 压 器	
2.1	绝缘电阻测试	1．将不同温度下的绝缘值换算到同一温度下 $R_2=R_1\times 1.5^{(t_1-t_2)/10}$，与上一次试验结果相比应无明显变化，一般不低于上次值的 70%。（式中 R_1、R_2 分别为在温度 t_1、t_2 下的绝缘电阻值）；35kV 及以上应测量吸收比（10～30℃范围）不低于 1.3。 2．绝缘电阻值与出厂值比较应无明显差别。 3．与以前测试结果相比无显著差别	
2.2	绕组直流电阻测试	1. 换算至同一温度下与出厂值相比不大于 2%；相间差别一般不大于三相平均值的 4%，线间差别一般不大于三相平均值的 2%。 2．不同温度下的电阻值按下式换算 $$R_2 = R_1\left(\frac{T+t_2}{T+t_1}\right)$$ 式中 R_1、R_2 分别为在温度 t_1、t_2 时的电阻值；T 为计算用常数，铜导线取 235，铝导线取 225	

2.3 作业验收

2.3.1 检修人员验收

序号	验 收 内 容	确认
1	试验项目是否已全部完成	
2	工作场地的卫生清洁工作是否已完成，全部工器具及材料是否已全部收回	
3	检查被测设备是否有遗留物，被测试设备是否已恢复至试验前状态	
4	工作负责人验收签字：	

2.3.2 运维人员验收

运维人员验收： 检修记录已登记，现场已验收合格。　　　　运维人员确认签字：

2.4 作业组班后会

序号	项 目	确认
1	作业组班后会	
2	存在问题及措施：	

3 作业后

3.1 作业后内业工作

序号	项　目	内　容	确认
1	生产管理系统流程运转	报表编写上传、完成时限填写、完成设备作业后评估	
2	录音上传	工作票录音	
3	作业文件归档	安全质量控制卡、工作票、报表	

3.2 作业评价

评价情况：经检查，本控制卡＿＿＿＿＿＿＿＿，存在＿＿＿问题，已向＿＿＿＿＿＿＿＿＿＿＿＿提出。

检查人：＿＿＿＿＿＿＿＿＿＿

＿＿＿年＿＿＿月＿＿＿日

4 接地变压器、消弧线圈（油浸式）例行试验安全质量控制卡（油化验）

班组作业安全质量控制卡

作业名称：××班××变电站××kV××接地变压器（消弧线圈）（油浸式）例行取油样工作

工作负责人编写：__________审核：__________批准：__________

作业性质：单专业 计划时间：___年__月__日__时__分至___年__月__日__时__分

1 作业前

1.1 作业前内业准备

序号	名称	规格	单位	数量	确认
1．工器具					
1.1	标准工具箱	标准	套	1	
1.2	针筒	100mL	支	1	
1.3	广口瓶	500mL	个	1	
1.4	废油桶	—	个	1	
2．材料					
2.1	耐油软管	标准	条	1	
2.2	橡胶头	标准	粒	1	
2.3	纱布	—	块	2	
2.4	标签	标准	张	1	
3．防护用品					
3.1	无				
4．作业文件					
4.1	工作票编号				
5．其他（录音笔、红马甲）					

1.2 出工准备

序号	名　称	确认
1	班组班前会	
2	出工三检查制度、独木桥制度	

2 作业中

2.1 作业组班前会

2.1.1 本作业危险点分析及安全措施交底

序号	危险点分析	安全控制措施	确认
1	工器具不合格	检查安全工器具、劳动防护用品是否合格齐备	

表（续）

序号	危险点分析	安全控制措施	确认
2	走错间隔	工作前应认真核对设备名称、编号、工作地点	
3	人身触电	工作中应与设备带电部位保持足够的安全距离	
4	大量喷油	防止阀门开启过大，取油口脱落，油大量喷出	
5	渗漏油	对老化或损坏的密封圈应及时更换；取完油样必须关紧设备阀门，并将油迹擦拭干净	

2.1.2 安全措施确认

我已知晓上述工作地点、工作内容、作业分工、危险点及安全控制措施，精神状态良好。 确认签字：

2.2 关键工序安全质量控制

序号	关 键 工 序	质量安全控制	确认
		主变压器本体取油样	
1	打开取油样口阀门	检查取样口是否损坏或渗漏；防止阀门开启过大，取油口脱落，油大量喷出	
2	取油样	1．取样阀应先用干净布擦净，再放适量油冲洗干净。 2．先用油湿润和冲洗注射器 2～3 次。 3．应采用全密封取样，利用油本身压力使油注入注射器，操作时油中不得产生气泡。 4．取样完应立即用小胶头封住注射器，油中不得残存空气。 5．取样量以够试验用为限，一般常规分析 500mL，色谱及微水分析 60mL	
3	关紧阀门，并用破布擦拭干净	对老化或损坏的密封圈必须更换，注意观察，防止渗漏油	
4	工作结束	清点工器具并清理现场	
5	油样运输和保存	1．避免剧烈震动，防止容器破碎。 2．油样保存应避光、防潮、防尘，注射器芯不卡涩。 3．油样应尽快分析，一般不得超过四天	

2.3 作业验收

2.3.1 检修人员验收

序号	验 收 内 容	确认
1	检查取样口阀门和防尘罩已封紧，无渗漏油	
2	检查现场无遗留工器具、材料	
3	检查设备油位正常	
4	工作负责人验收签字：	

2.3.2 运维人员验收

运维人员验收： 检修记录已登记，现场已验收合格。　　　　　　　　运维人员确认签字：

2.4 作业组班后会

序号	项　　目	确认
1	作业组班后会	
2	存在问题及措施：	

3 作业后

3.1 作业后内业工作

序号	项　目	内　　容	确认
1	生产管理系统流程运转	试验报告编写上传、工作完成时限填写、完成设备作业后评估	
2	录音上传	班前/班后会录音	
3	作业文件归档	安全质量控制卡、工作票	

3.2 作业评价

评价情况：经检查，本控制卡____________，存在____问题，已向__________________提出。

检查人：__________________

_____年____月____日

5 电气第一种工作票

××××电业局（供电公司）

电气第一种工作票

编号：×××××

1．部门：检修试验单位　　工作班组：×××　　　工作负责人：×××

2．工作班人员：×××

共 × 人

3．工作任务：

工 作 地 点	工 作 内 容
110kV××变电站 10kV 2 号接地变压器、2 号消弧线圈柜	110kV××变电站 10kV 2 号接地变压器、2 号消弧线圈柜例行检修试验

4．计划工作时间：自____年___月___日___时___分至____年___月___日___时___分

5．安全措施：

电气接线图或必要时可附页绘图说明。

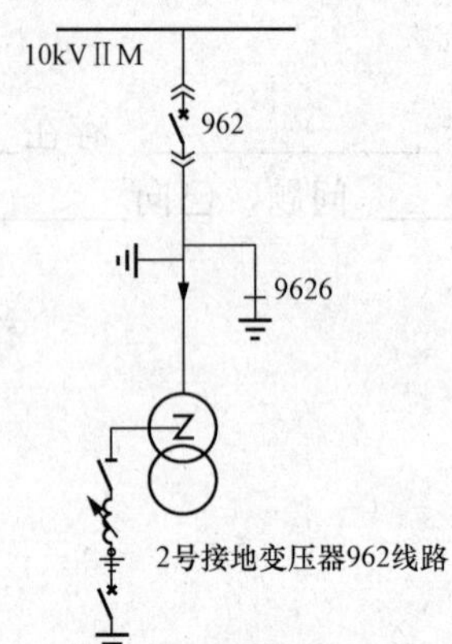

许可前由工作许可人会同工作负责人到现场逐项检查核对后在已执行栏打√。

序号	应断开的断路器、隔离开关，应取下的熔丝，应解除的继电保护连接片等（包括填写前已断开、取下、解除的）注明编号	已执行
1	断开 962 断路器	
2	拉出 962 手车断路器至试验位置	
3	断开 962 断路器直流控制电源	
4	合上 9626 接地隔离开关	
序号	应装接地线（注明接地线具体位置，并留出空位由许可人注明接地线编号）	已执行
1	在 2 号接地变压器进线电缆头上装设一组　　　　接地线	

表（续）

序号	应设遮栏、应挂标示牌、防止二次回路误碰的措施	已执行
1	在 962 断路器操作把手上挂“禁止合闸，线路有人工作”标示牌，将 962 断路器控制方式切换至就地并挂“禁止合闸，线路有人工作”标示牌	
2	在 2 号接地变压器、2 号消弧线圈柜上各挂一“在此工作”标示牌，并在其四周设遮栏，上挂适量“止步，高压危险”标示牌（面朝检修设备），并在围栏出入口处挂一“从此进出”标示牌	

工作地点保留带电部分（或注意事项） 签发人或工作负责人填写	补充工作地点保留带电部分和安全措施 许可人填写
10kVⅡ段母线在运行中	
2 号接地变压器单元相邻间隔在运行中	

二次工作安全措施票（票号）：＿无＿

工作票签发人签名：＿＿＿＿ 签发日期：＿年＿月＿日＿时＿分

收到工作票时间：＿年＿月＿日＿时＿分　值班人员签名：＿＿＿＿

6．确认本工作票 1～5 项：

许可开始工作时间：＿年＿月＿日＿时＿分

工作许可人签名：＿＿＿＿　　工作负责人签名：＿＿＿＿

7．工作人员变动：

增添人员姓名	日	时	分	工作负责人签名	离去人员姓名	日	时	分	工作负责人签名

8．工作负责人变动：

原工作负责人＿＿＿＿离去，变更＿＿＿＿为工作负责人，

变动时间：＿年＿月＿日＿时＿分

工作票签发人签名：＿＿＿＿

9．工作票延期：有效期延长到：＿＿年＿月＿日＿时＿分。

工作负责人签名：＿＿＿＿　　值长或值班负责人签名：＿＿＿＿

10．每日开工和收工时间（使用一天的工作票不必填写）

收工时间				工作负责人	工作许可人	开工时间				工作许可人	工作负责人
月	日	时	分			月	日	时	分		

11．工作结束：设备及安全措施已恢复至开工前状态，现场已清理完毕，工作班人员已全部撤离。全部工作于＿＿年＿月＿日＿时＿分结束。

工作负责人签名：__________ 工作许可人签名：__________

12．工作票终结：临时遮栏、标示牌已拆除，常设遮栏已恢复。接地线编号________________________等共___组、接地开关（小车）共___副（台）未拆除或拉开，已汇报调度员。

工作许可（当值）人签名：________时间______年___月___日___时___分

13．备注：

（1）检修工作中允许试分合的设备：

允许试分合的设备	解锁执行人	解锁时间	操作人	监护人	操作设备时间
		日 时 分			日 时 分
		日 时 分			日 时 分
		日 时 分			日 时 分
		日 时 分			日 时 分

（2）工作负责人指定专职监护人：

第一组____负责监护________________________________。

第二组____负责监护________________________________。

第三组____负责监护________________________________。

（3）其他补充安全措施：________________________________

____

____

（4）其他事项：________________________________

____

____

14．交任务、交安全措施确认：我对工作负责人布置的工作任务及安全措施已明白无误，所有安全措施已能确保我的工作安全。

工作班人员签名：________________________________

____

____

15．评价情况：经检查本票为______票，存在________________

____

________________________________问题，已向______指出。

检查人：______________

____年____月____日

6 试验物品清单

序号	名　称	规　格	单位	数量	备注
1	绝缘电阻表	电压量程：1000～10000V	台	1	
2	绕组直流电阻测试仪	准确度 0.2 级，量程：1mΩ～4Ω	套	1	

思考与练习答案

1．答：对接触面进行清洁，用细钢丝刷除去表面氧化膜，使用细锉锉去的毛刺，用砂纸将接触面研磨平整（镀银层除外），再用干净的棉纱蘸无水乙醇将接触面擦拭干净，然后用去油剂除去表面上的油污，等表面干燥以后，先预涂0.05～0.1mm厚的电力复合脂（导电膏），抹平，用铜丝刷轻轻擦拭，然后除去膜层，擦拭表面、重新涂敷0.1mm厚的导电膏，最后将接触面叠合；紧固螺栓，紧固过程应对角、按力矩逐级进行紧固。外观清扫检查，相色检查。

2．答：接地变压器、消弧线圈直流电阻换算至同一温度下与出厂值相比不大于2%；相间差别一般不大于三相平均值的4%，线间差别一般不大于三相平均值的2%。

3．答：（1）电动操作升、降挡一个循环，应动作正常，无滑挡；超越接点应正常动作。

（2）手摇升、降各一挡应操作灵活，无阻涩。

（3）传动齿轮盒内机油油位应符合油位标示线，且无渗漏油情况。

（4）电气限位及机械限位应能正确动作。

（5）各接触器、行程开关动作、返回正常，无卡涩。

（6）二次端子及各引线接头应紧固，无松动。

（7）动作次数计数器应动作正确。

（8）本体挡位指示与机构箱指示及远传指示相符。

（9）机构箱密封良好，无漏水现象。

（10）调压端子检查，接线板清洁干燥，引出端子连接紧固；底板无锈蚀。

4．答：（1）气体继电器无渗漏油；防雨罩遮蔽位置达到45°，电缆向下倾斜30°以上。

（2）打开二次接线盒检查无渗漏油、进水、积灰和凝露，密封圈弹性良好，排水孔通畅，电缆进线封堵良好。

（3）接线柱和放气口无渗漏油，引线无破损，试验探针动作正常，信号正常对应，绝缘电阻表测量线间和对地的绝缘电阻，要求大于1MΩ。